Convierte tus Webinars en una mina de oro

Por

Helio Laguna

Título: Convierte tus Webinars en una Mina de Oro

© 2017, Helio Laguna

© De los textos: Helio Laguna

Ilustración de portada: Mabel Cox

Revisión de estilo: www.escritoyhecho.com

1ª edición

Todos los Derechos Reservados.

¡¡IMPORTANTE!!

No tienes los derechos de Reproducción o Reventa de este Producto.

Este libro tiene © Todos los Derechos Reservados.

Antes de venderlo, publicarlo en parte o en su totalidad, modificarlo o distribuirlo de cualquier forma, te recomiendo que consultes al autor.

El autor no puede garantizarte que los resultados obtenidos por él mismo al aplicar las técnicas aquí descritas, vayan a ser los tuyos.

Básicamente por dos motivos:

> Sólo tú sabes qué porcentaje de implicación aplicarás para implementar lo aprendido (a más implementación, más resultados).

> Aunque aplicaras en la misma medida que él, tampoco es garantía de obtención de las mismas ganancias, ya que incluso podrías obtener más, dependiendo de tus habilidades para desarrollar nuevas técnicas a partir de las aquí descritas.

Aunque todas las precauciones se han tomado para verificar la exactitud de la información contenida en el presente documento, el autor y el editor no asumen ninguna responsabilidad por cualquier error u omisión.

No se asume responsabilidad por daños que puedan resultar del uso de la información que contiene.

Así pues, buen trabajo y mejores Éxitos.

TABLA DE CONTENIDOS

Introducción 8
Capítulo I. ¿Cómo Vender Antes Del Webinario? 11
Capítulo Ii. Primera Fuente De Monetización 17
Capítulo Iii. Segunda Fuente De Monetización 21
Capítulo Iv. Tercera Fuente De Monetización 25
Capítulo V. Vídeos De Indoctrinación 29
Capítulo Vi. ¿Cómo Vender En El Webinario? Tercera Fuente De Monetización 33
Capítulo Vii. ¿Cómo Vender Después Del Webinario? Cuarta Fuente De Monetización 37
Capítulo Viii. Quinta Fuente De Monetización 39
Capítulo Ix. Sexta Fuente De Monetización 41
Recomendaciones Finales 45

INTRODUCCIÓN

La intención de este libro es enseñarte cómo convertir tus webinarios en unas minas de oro. ¿Y qué es una mina de oro? Es un lugar en el que puedes entrar todos los días y sacar dinero. Eso es lo que nos disponemos a lograr: que tengas ingresos todos los días de tus Webinarios.

Para eso, vamos a ver los tres tipos de Webinarios que existen y vamos a ver cómo monetizarlos en tres etapas: antes, durante y después del Webinario.

La mayoría de las personas, y esto es muy triste, sólo saben monetizar el Webinario cuando lo están haciendo. Hacen el Webinario, comienzan a dar información de valor, al final hacen una oferta y ahí es donde monetizan el Webinario.

Lo que no saben es que se puede monetizar incluso antes de que des el Webinario y se puede monetizar una vez que ha finalizado. Si desconoces estos puntos de monetización, lo que está sucediendo es que estás dejando dinero sobre la mesa. Estás monetizando la punta del iceberg, cuando lo podrías monetizar por completo.

Así que en este libro trata sobre ver debajo del agua; conocer todo lo que hay debajo de ese iceberg. Un iceberg puede parecer inmenso, pero es sólo el 10% del tamaño real. Hay que ponerse un equipo de buceo para verlo en toda su dimensión.

Espero que al finalizar este libro tengas otros ojos para ver a los Webinarios y que entiendas que realmente son una mina de oro, pero que si no los conoces bien, te quedarás apenas en la entrada de esa mina.

"Cada vez que empiezo leer un libro lo primero que veo son los créditos, los reconocimientos de personas que no conozco, las historias del porqué o cómo de ese libro.

Y en numerosas ocasiones he dejado de leer porque pasan 100 páginas antes de que pueda yo entrar al tema por el cual compré el libro. Aquí vamos a ir directamente al grano."

Helio Laguna

CAPÍTULO I.

¿CÓMO VENDER ANTES DEL WEBINARIO?

Veamos la primera fase, la fase de monetizar nuestro Webinario. Incluso antes de hacerlo, vas a monetizar tu Webinario, vas a tener dinero en tu bolsillo, en tu cuenta de PayPal, o como sea que estés cobrando. Repito: antes del día en que vayas a dar el Webinario.

¿Qué es lo primero que vas a hacer? Primero vas a crear una página de captura para hacer tu Webinario, eso no es problema, vas a decir: "Helio, eso no es problema, tengo Webinar Click, Webinar Click ya me da las páginas de captura". Así es, y aquí va un pequeño Tip Ninja para monetizar tu Webinario: vas a recabar el nombre de las personas, su correo electrónico y su WhatsApp.

Fíjate bien en esto: les vas a pedir su WhatsApp, les vas a decir que les vas a dar contenido extra a través de esta aplicación, ¿y por qué? Esto es como una pala para esa mina de oro.

El Email Marketing, que tanto amo, desgraciadamente está muriendo. No quiero decir que vaya a morir del todo, pero así como el Email Marketing o los correos electrónicos están sustituyendo en gran medida al correo tradicional, el chat y las conversaciones en tiempo real están sustituyendo al correo electrónico.

Antes de que existieran las cuentas de correo electrónico, ¿qué es lo que llegaba a tu casa? Un señor con un uniforme, ese señor se llamaba cartero, te entregaba unas cartas, te entregaba el correo y ahí venía información.

Tú podías tener toda una conversación, toda una comunicación con tu novia, o con un familiar, o con tu esposa, solamente que la conversación duraba varios días en tener una respuesta, dependiendo de la distancia entre las localidades.

Si yo estuviera teniendo una conversación desde Bailey hasta Galicia, pues cada mes tendríamos la respuesta de la charla, pero todo esto fue sustituido por el correo electrónico. Ahora envías un correo y a los tres minutos ya la otra persona lo leyó y te contestó.

Pero eso no quiere decir que murió el correo tradicional. Aún te pueden llegar cartas, postales, etcétera. No han cerrado las compañías de correo tradicional de tu país, aún se utiliza el correo tradicional, en menor medida, sí, pero aún se utiliza.

Esto está sucediendo con el Email Marketing, aún se utiliza, en menor medida, pero se utiliza. ¿Qué es lo que utilizamos ahora y es más atractivo que ir a tu bandeja de entrada a revisar si ya te contestó Juanito? Lo que utilizamos se llama WhatsApp, conversación en tiempo real.

Queremos todo al instante: respondes un WhatsApp y te quedas viendo el teléfono a ver si ya aparecieron las dos famosas palomitas de que ya lo vio y, si ya lo vio, exiges que te respondan justo en ese momento.

Ahora lo que existe es este chat, conversación en tiempo real, queremos que nos respondan en tiempo real, queremos responder así vayamos manejando, lo cual obviamente no hay que hacer, pero eso es lo que está sucediendo: suena el celular y dejas todo lo que estás haciendo para ver la respuesta.

Entonces, la atención de las personas está en WhatsApp y tú puedes crear lo que se llama una lista de difusión. ¿Qué es una lista de difusión? Consiste en ir a WhatsApp, agregar a tantas personas como quieras y enviar un mensaje. No es igual a los grupos, en donde todos pueden responder. En la lista de difusión envías un solo mensaje y las personas te responden de manera individual.

Así que es una comunicación parecida al correo electrónico: envías tu mensaje a una base de personas registradas y le llega a todos, ¿qué es lo que pasa con esto? ¿Cuál es el beneficio? Las tazas de apertura del Email Marketing están entre el 5 y el 20%, quiere decir, que de cada 100 suscriptores que tienes, únicamente 5 personas van a leer tus correos.

Fíjate todo el dinero que estás dejando sobre la mesa. Estás haciendo las cosas espectaculares, pero sólo 20 de cada 100 van a leer tus correos electrónicos. ¿Qué pasa con WhatsApp? Las personas que leerán un WhatsApp tuyo, sobre todo al inicio, serán el 100%.

Cuando lleves tiempo haciendo esto van a bajar tus tazas de apertura a un 95%, quiere decir que 95 de cada 100 van a leer tus mensajes de WhatsApp, puede ser que alguien no leyó tu mensaje ese día, o no leyó el siguiente mensaje que enviaste. A lo mejor fue al siguiente día, pero después estaba desocupado, le enviaste un mensaje, va y lo lee y ahí arribita tiene los otros dos mensajes, entonces en ese momento lee tu mensaje y se pone a bajar a ver qué más había y lee cinco o seis mensajes tuyos atrasados.

Realmente esto hace que sea un 95 o un 99% de lectura, aún con el tiempo, pero vamos a dejarlo en un 95% de lectura, cuando ya está madura esta lista de difusión, cuando ya son varios comunicados tuyos, cuando ya las personas saben que a lo mejor le estás vendiendo cosas como buen marquetero, y es lo que debes de hacer, y por eso estás aquí.

Entonces te hago una pregunta, ¿qué prefieres? ¿Qué te lea el 5% o que sólo sea el 5% el que no te lea? Pues, obviamente sé que estás eligiendo que te lea el 95%, que quieres que la mayor cantidad de personas lean tus comunicados.

Así pues, esta es una estrategia avanzada y es como una pala gigante: pídeles el WhatsApp a las personas para que se registren al Webinario. Diles: "Te voy a enviar información extra por medio de WhatsApp. Tanto información extra aplicable para el Webinar que vamos a tener antes y después, información de bono, etcétera".

He hecho esta estrategia. Les pido el WhatsApp, muchos no lo creen o me dan un WhatsApp falso y cuando estoy dando la presentación, o cuando estoy dando el Webinario y ven algo importante, les digo: "Bueno, a todas las personas que me dejaron su WhatsApp les voy a enviar este recurso directamente por WhatsApp, les voy a enviar esta presentación por WhatsApp, les voy a enviar este obsequio por WhatsApp".

Y en ese momento todos los que no dejaron su WhatsApp o todos los que dejaron un WhatsApp falso, comienzan a escribir como locos ahí en los comentarios, "Helio, mi WhatsApp es este". Empieza a volar el área de comentarios y lo que hago es hacer caso omiso, educar a las personas para que en el siguiente Webinario sí me den su WhatsApp.

Una vez que me lo dan, los agrego a estas listas de difusión y les envío contenidos diarios. Esto ha aumentado mi negocio. Hacer que me lean veinte veces más del 5%, al casi 100%, tener veinte veces más la atención de las personas ha aumentado mis ingresos y va a aumentar los tuyos.

Entonces, lleva a cabo esta estrategia. Si lo que haces es publicidad en Facebook, desde tu publicación en Facebook pídeles el WhatsApp: "Regístrate aquí al Webinario con Webinar Click, pero además envía un WhatsApp a este número para que recibas un cuaderno de trabajo que vamos a hacer en el Webinar, para que recibas tal y tal bono que vamos a dar en el Webinar".

O bien, después de la página de captura de Webinar Click, haces un pequeño vídeo, o pones ahí un texto en la página de agradecimiento: "Si quieres recibir un cuaderno de trabajo envía un WhatsApp a este número. Si quieres recibir la presentación que vas a ver en el Webinario, envía un WhatsApp a este número. Si quieres recibir tal o cual obsequio, envía un WhatsApp a este número".

Recapitulando: vas a utilizar Webinar Click para crear tu lista de suscriptores (eso sucede de manera automática) y para crear una lista de personas en WhatsApp.

Ahí tenemos una gran pala y, yo te diría que es una fuente de ingreso también. Obviamente, a estas personas que tienes en WhatsApp les vas a enviar comunicados, les vas a vender en esos comunicados. Esa es una fuente de ingreso, al igual que el Email Marketing, pero de eso hablamos un poquito más adelante.

CAPÍTULO II.

PRIMERA FUENTE DE MONETIZACIÓN

Ahora vamos a ver qué es lo que sucede una vez que las personas dejan su nombre, su correo, y su WhatsApp para recibir acceso al link del Webinario.

Lo que vas a hacer en tu página de gracias, algo que puedes configurar con Webinar Click, es poner una oferta de auto liquidación. ¿Qué es una oferta de auto liquidación? Es una oferta que verán inmediatamente después del registro, es decir, las personas ya dejaron sus datos, ahora llegan a una página de gracias.

Ahí pones un vídeo que tiene esta oferta y la función con la palabra "auto liquidación", quiere decir que esta oferta es para auto liquidar tu campaña de publicidad, para recuperar lo que estás invirtiendo.

Si es que estás montando una campaña de publicidad para tu Webinario, yo te lo recomiendo, a lo mejor con estrategias orgánicas, o estrategias que no requieren inversión logras tener a 100 o a 200 personas en tus Webinarios, pero si inviertes en publicidad; algo que a la mayoría de las personas no les gusta hacer, porque lo ven como dinero perdido; puedes tener en lugar de 100 o 200, 500, 1.000 o 2.000 personas en tu Webinario.

Pues bien, vas a empezar a invertir porque puedes recuperar tu inversión de manera inmediata haciendo esta oferta de auto liquidación, y para que esta oferta funcione, y para mantener la venta debajo del radar, lo que vas a hacer es disfrazar tu oferta de auto liquidación de un tutorial.

Entonces vas a hacer un vídeo, ese vídeo lo vas a poner en la página de gracias y ese vídeo tiene la siguiente estructura. Este es el script de ese vídeo:

Lo primero que vas a hacer es presentarte: *"Hola, ¿qué tal? Mi nombre es Helio Laguna, y gracias, gracias por suscribirte al Webinario que vamos a tener el día de mañana, sobre cómo convertir tu Webinario en una mina de oro. Recuerda, la cita es mañana 20 de Mayo a las 9 a.m. de Miami, ahí te vamos a dar información sobre cómo monetizar tus Webinarios y ahora lo que quiero que hagas es que veas este tutorial sobre cómo generar ingresos con WhatsApp, así es, cómo generar ingresos con WhatsApp.*

La mayoría de las personas no saben que el Email Marketing está muriendo, solo del 5 al 20% de las personas leen ahora tus correos electrónicos y con WhatsApp lo que puedes hacer es crear una lista de difusión donde lo que sucede con ella es que el 100% de las personas leen tus comunicados, y así es como se crea una lista de difusión.

Voy a compartir aquí mi celular, paso número uno es ir aquí a nueva difusión si tienes un Iphone vas aquí a nueva lista, el paso número dos es agregar a las personas a esa nueva lista, el paso número tres es ponerle un nombre a esa nueva lista y el paso número cuatro es enviar un mensaje a esa nueva lista, y así es como funciona esto, ahora que ya lo sabes y si quieres un programa completo sobre cómo monetizar WhatsApp, lo que quiero que hagas ahora es que vayas al enlace que se encuentra debajo, te va a llevar a una página donde les explica todo sobre mi programa WhatsApp Marketing.

Es un programa que vale 97 dólares y te enseña todo lo relacionado con WhatsApp, te enseña a generar 5.000 dólares al mes utilizando WhatsApp, y ya lo tienes, y ya lo usas, y además incluye estos bonos. El bono número uno es cómo crear una lista de difusión en WhatsApp, responsiva, el bono número dos es este, y el bono número tres es este.

Como puedes ver en esa página, la inversión de WhatsApp Marketing es de 97 dólares, sin embargo, y esa es una oportunidad que tienes por estar viendo este vídeo, hoy vas a poder tener WhatsApp Marketing por solo 27 dólares, escuchaste bien, no vas a pagar 97 dólares, sino solo 27 dólares, si tomas acción el día de hoy. Da clic en el botón rojo que se encuentra debajo de este vídeo para que puedas obtener WhatsApp Marketing por solo 27 dólares. Es todo en este vídeo, nos vemos en el Webinario, tu amigo Helio Laguna, chao, chao".

Así es como funciona. Primero te presentas, les recuerdas la sesión, les dices que van a ver un tutorial, sobre lo que sea que vaya a ser, entregas el contenido del tutorial y después les dices que si quieren más información relacionada con el tutorial, o que tienes para ellos un programa que vale tanto dinero, pero si toman acción el día de hoy vale mucho menos y además hay unos bonos irresistibles.

Esta es la presentación que utilizo. Lo que hago es disfrazarlo de un tutorial:

"Agarra un cuaderno y algo para escribir rápido, quiero enseñarte la forma avanzada para escribir Emails que vendan tus productos; en este caso es una oferta de liquidación de un programa para Email Marketing. Te voy a dar unos segundos para que tomes algo con qué escribir...

—Nota cómo estoy disfrazando todo como si fuera un tutorial.

Imagina que cada vez que enviaras un Email vas a tener la certeza de que ganarás entre 2.000 a 5.000 dólares, y además de eso no molestarás a tu lista de suscriptores, sino que al contrario ellos disfrutarán.

—Así es como das un poco de contenido en ese tutorial y al final haces la oferta.

¿A quién le gustaría tener esta presentación? Sé que está deshabilitado el chat, si no explotaría diciéndome que todos lo quieren, y lo que voy a hacer es darte esta presentación.

Mientras hago lo que te estoy enseñando, me vas a enviar un WhatsApp al 521 311 105 5643.

Todos los que me envíen un WhatsApp al 521 311 105 5643, todos los que me envíen un WhatsApp con la clave para poderte diferenciar, que es 'Mina de oro', les voy a enviar esta presentación para que puedas hacer exactamente lo mismo que te acabo de mencionar, poner esta oferta de liquidación.

Solo la vas a cambiar con tu información y vas a poder monetizar tu Webinario antes del Webinario. Entonces me envías un WhatsApp, con tu nombre completo para guardarte en una lista de difusión. Te puedes suscribir en el momento que quieras con la frase 'Mina de oro' y yo te voy a enviar esta presentación para que acciones esta fuente de ingreso".

Esta es la primera fuente de monetización antes del Webinario. Antes del Webinario vas a crear esta oferta de auto liquidación, de la cual te estoy dando la presentación.

Tú vas a poner ahí un programa que ya tengas, del cual poseas los derechos para vender. Vas a grabar un vídeo, lo pones en tu página de gracias de Webinar Click y vas a comenzar a monetizar a las personas que se registraron a tu Webinario. Así es como funciona esto.

Entonces ya cumplimos con el primer checking. Ya tenemos la primera fuente de ingresos antes del Webinario.

CAPÍTULO III.

SEGUNDA FUENTE DE MONETIZACIÓN

¿Cuál es la segunda fuente de ingreso antes del Webinario? Vamos a explicarlo.

Tienes el correo electrónico de las personas y también su WhatsApp. Les puedes enviar mensajes diario. Yo te recomiendo que sea diario, tanto tus correos electrónicos como tus mensajes de WhatsApp.

Lo que yo hago es un sistema que le llamo los "Emailsakis". Los "Emailsakis" son correos electrónicos que gustan a las personas y que venden todos los días. Imagínate eso: vender todos los días de manera predecible. Acostumbras a tu lista de suscriptores a que compren todos los días.

Hace cuatro años, en mayo del 2013, inicié, tomé la decisión estratégica de enviar correos electrónicos todos los días. Dije: "No estoy ganando lo suficiente, tengo una lista de suscriptores, no la estoy monetizando, ¿qué puedo hacer?".

Me puse a consumir todos los programas de Email Marketing que encontré y encontré a un loco que se llama Ben Settle. Cuando lo conocí mencionaba que llevaba seis meses enviando correos electrónicos todos los días, de lunes a viernes.

Son correos electrónicos agresivos, que te venden todos los días, pero te dan información valuable también, te dan una píldora de sabiduría cada día; cada día te da un tip o te cuenta una historia. Te da contenido de valor y, al final, te vende algo. En el caso de Ben Settle, te vende sus programas de Email Marketing.

Me impactó eso. Me impactó la fórmula de dar contenido de valor y al final vender y comencé a utilizarla. En cuanto lo conocí, tomé la decisión estratégica, comencé a utilizarla.

Tuve miedo, sí, como nunca en mi vida. Pasaron las preguntas en mi mente: "¿Y si se desuscriben? ¿Y si se enojan? ¿Y si me insultan?".

Sí, sucedió. Algunos se desuscribieron, otros me insultaron. Pero muchos, muchísimos se quedaron y se hicieron adictos a mis boletines electrónicos, ¿y qué fue lo que sucedió? Aumentaron mis ingresos cinco veces.

Por lógica, ganas 0 dólares por cada Email no enviado. Así como dicen "fallas el 100% de los disparos que no hiciste", también es cierto que ganas 0 dólares de cada Email no enviado.

Si envías un correo electrónico a la semana, es una oportunidad de vender, si es que tienes lo que se requiere para vender ese correo. Muchas personas tienen pánico de vender, no lo hacen ni en sus Webinarios, ni en sus correos electrónicos.

Tú no eres esa persona, tú eres un empresario, eres un marquetero y lo vas a hacer. Si envías un correo a la semana y vendes en ese correo, tienes la oportunidad de que las personas compren, ahora te pregunto, ¿qué pasaría si envías cinco correos, de tal forma que las personas no se molesten por recibir esos correos, sino que los quieran abrir, les encante leer tus correos, y al final tus correos vendan?

Venderías cinco veces. La teoría era que sí, la realidad era que sí. Yo comencé a aumentar cinco veces mis ingresos gracias al envío de correos electrónicos todos los días.

Y no era que ganaba 1 dólar y empecé a ganar 5 dólares, no. Ya estaba viviendo los negocios por internet y aun así aumenté cinco veces mis ingresos, gracias a los correos electrónicos diarios.

Esa misma fórmula, que se llama la fórmula de los "Emailsakis", la comencé a utilizar dos años después con WhatsApp y llevo ese tiempo enviando WhatsApp todos los días.

Y el enviar WhatsApp todos los días aumentó mi negocio, gracias al poder de WhatsApp, gracias al poder de pasar de un 20% de apertura de los Emails a un 100% de apertura de los WhatsApp.

En otras palabras, lo que tenía en aquel entonces eran 10.000 suscriptores. 2.000 personas abrían mis correos electrónicos todos los días, ¿qué es lo que tienes cuando 2.000 personas de cada 10.000 son las que abren tu correo electrónico?

Eso es lo que tienes, esa es tu verdadera lista de suscriptores, los que abren el correo electrónico, lo demás es pura vanidad. Los podrías borrar y no pasa nada.

Entonces me di cuenta que si en WhatsApp el 100% de las personas leían mis mensajes, lo único que necesitaba para duplicar mi negocio eran 2.000 personas en mi WhatsApp. Fue algo que hice inmediatamente. En un mes logré conseguir las 2.000 personas y dupliqué mi negocio.

¿Qué es lo que pasaba? Enviaba un correo electrónico y 2.000 personas lo leían y enviaba un WhatsApp y 2.000 personas leían mi mensaje de WhatsApp, ¿cómo crees que sucedió que ahora en vez de que me leyeran 2.000, me leyeran 4.000? Exacto, mi negocio se duplicó gracias a WhatsApp.

Esa es la segunda fuente de ingreso, convertir a las personas que te dejaron su correo en Webinar Click a personas que te compren todos los días gracias a tus comunicados de Email Marketing y gracias a tus comunicados por WhatsApp.

¿Cómo vas a conseguir estos correos y estos suscriptores de WhatsApp? Con Webinar Click. Vas a crear tu lista de suscriptores bajo el radar. Las personas no estarán pensando: "Oh, me está pidiendo mi correo, si se lo doy me va a estar enviando mensajes todos los días y me va a vender como loco".

No, las personas están pensando: "Wow, un Webinario, información valuable, tengo que darle mi correo para recibir el enlace del Webinario". Nunca están pensando como piensan con una página de captura de otra cosa, "Este cuate me está pidiendo mi correo a cambio de un soborno ético y me va a bombardear con información".

No, están pensando: "Dejo mi correo para recibir el enlace del Webinar, quiero estar en ese Webinar, ¿qué necesito hacer? Dejaré mi correo". Y nuestro pensamiento no da para estar pensando que nos van a enviar correos electrónicos todos los días, mucho menos esto del WhatsApp.

La fórmula de los "Emailsakis" va a hacer que ellos quieran recibir tus WhatsApp, que ellos estén felices de recibir tus WhatsApp todos los días. Bueno, sucede todo el tiempo, que las personas te piden que no les dejes de estar enviando mensajes por WhatsApp. Te van a pedir que no les dejes de enviar correos electrónicos y siempre se van a hacer adictos a tu contenido.

Llevamos dos fuentes de monetización y aún no empieza el Webinario. ¿Qué es lo que hago cuando las personas me dejan su correo y me dejan su WhatsApp? Lo que hago es agregarlos a esto que denomino el súper sistema, o los "Emailsakis".

Los agrego y comienzo a enviarles correos electrónicos y mensajes de WhatsApp y comienzan a comprarme incluso antes de hacer el Webinario, o después de hacer el Webinario, pero las personas empiezan a ser apegadas a ti y empiezan a comprarte.

CAPÍTULO IV.

TERCERA FUENTE DE MONETIZACIÓN

El siguiente paso será llenar los cupos de tu Webinario con campañas de Marketing de Gorila. Te preguntarás qué es eso. Pues bien, es un sistema que inventé. Consiste en una publicación de Facebook que se hace viral y en iniciar una conversación por chat de Facebook.

¿Qué es lo que hago? Voy a compartir contigo los pasos del Script Gorila.

El paso número uno es: graba la atención de la persona, indica en qué consiste la oportunidad.

"Atención, oportunidad única para aprender a invertir en la bolsa de valores de Nueva York, oportunidad única para lo que sea que vaya a ser tu Webinario, promesa resumida, qué es lo que harás por ellos, para las primeras 50 personas que comenten"

Y esto es Marketing de Gorila. Haces la publicación viral:

"Tendrán acceso a un Webinar conmigo sobre cómo invertir en la bolsa de valores de Nueva York"

Ahora expones tus credenciales. Das tu discurso de elevador:

"Sabes que soy un inversionista exitoso de la bolsa de valores de Nueva York, todos los días me conecto y logro hacer transacciones con rendimientos del 3, incluso hasta 30, o 300%".

Promesa en extenso, qué es lo que haré por ellos.

"Y lo que haré en este Webinar exclusivo es que te voy a revelar mi fórmula para lograr este tipo de conversiones brutales. Hay una fórmula para ello, no es suerte, no es

apuesta, hay una fórmula para lograr que nueve de cada diez de tus conversiones sean exitosas. Y tú puedes lograr lo mismo, todo te lo voy a revelar en un Webinario. Así que lo que quiero que hagas ahora para estar en ese Webinario es que comentes debajo: 'quiero acceso al Webinario'. Y que después me envíes un mensaje de WhatsApp, o me envíes un mensaje privado en Messenger para recibir acceso al Webinario".

¿Y qué es lo que vas a hacer? ¿Cuál es ese mensaje privado en Messenger? Lo que vas a hacer es ir a esta maravilla tecnológica y crear un enlace con ManyChat. Este enlace lo pones en Facebook y todo lo que las personas van a ver es que te van a enviar un mensaje privado en Facebook.

El enlace dirá algo así como "Envíame un mensaje para recibir mi último libro Best Seller, totalmente gratis". ¿Qué es lo que van a ver las personas? Simplemente que te están enviando un mensaje, ¿y qué es lo que sucede? Que cuando te envían el mensaje, quedan suscritos, quedan aquí como suscriptores de Messenger. Es una locura, y es una tercera fuente para monetizar a las personas.

Vas a hacer esta publicación de Gorila, les vas a decir: "Si quieres estar en el Webinario, comenta debajo". Y, paso número dos, "Envíame un mensaje para recibir acceso al Webinario".

Te envían el mensaje, quedan suscritos y tú puedes poner una automatización. Puedes hacer una respuesta automática, tú la eliges. Puede ser, por ejemplo, "Hola, gracias por pedir acceso al Webinario sobre la bolsa de valores, regístrate aquí al Webinario que hice con Webinar Click". Y aquí colocas tu enlace de Webinar Click.

¿Qué es lo que va a pasar? Las personas van a quedar suscritas a ManyChat , van a recibir el enlace para suscribirse al Webinar, en la página de gracias del Webinar vas a decir que te envíen un WhatsApp para recibir la presentación y para recibir material de trabajo.

Te van a enviar el mensaje de WhatsApp, si no, durante el Webinar ofreces cosas valiosas, y las personas te van a enviar más mensajes de WhatsApp y vas a poder monetizar en tres vías: Email, WhatsApp y Facebook.

Si tú haces esto antes del Webinario, la taza de personas que se presentan al él va a llegar a unos niveles estratosféricos, unos niveles que no te puedes imaginar.

¿Cómo tener 100% de registro en tu Webinario?

Ahora te quiero hablar de una promesa Ninja que te había hecho al inicio, la promesa era cómo tener 100% de registro en tu Webinario.

Puedes hacer este paso que acabamos de comentar. Haz que te pregunten por el enlace al Webinario y, cuando te envían el mensaje por ManyChat, ya estarán registrados en el Webinario.

¿Qué pasa si en tu publicación de Gorila les pides que te envíen un WhatsApp para recibir el enlace? Te envían el WhatsApp para recibir el enlace, tú les envías el enlace de WhatsApp, ya los registras en tu WhatsApp y tú ya estás obteniendo un 100% de registro a tu Webinario.

Nota la importancia de esto, por favor. Olvídate ya del correo electrónico de las personas, esto es pensar fuera de la caja, aquí estás obteniendo un 100% de registro, ya sea por WhatsApp, o un 100% de Messenger Marketing, porque por Messenger les vas a enviar el enlace.

¿Qué es lo que prefieres? Email 5 a 20%, Messenger 80 al 85% o WhatsApp, del 95% al 100% de personas que leen tu mensaje. ¿Cuál prefieres? Yo te digo, ¿por qué A, o B, o C? Puedes tener todo el abecedario

Con tu publicación de Gorila, primero los llevas a Messenger, de Messeger les das el enlace a Webinar Click y también ahí les dices que te envíen su WhatsApp; o en la página de gracias, que te envíen el WhatsApp y los vas a tener suscritos a estos tres sistemas.

Les vas a enviar comunicación por los tres medios y te van a comprar por los tres medios. Y, si estás en contacto, vas a lograr que la mayoría de las personas se presenten a tu Webinario.

CAPÍTULO V.

VÍDEOS DE INDOCTRINACIÓN

¿Qué es lo siguiente? Ya tienes a las personas en estas tres grandes vías, en Email, en Messenger y en WhatsApp. Ahora les vas a enviar lo que yo denomino "vídeos de indoctrinación". Son vídeos para hacer que la mayor cantidad de personas se presenten a tu Webinario.

Primer vídeo

En el vídeo número uno describirás cuál es el tema de tu Webinario. Este es el script que puedes utilizar:

"Hola, hola, ¿qué tal? Te saluda Helio Laguna, y en el Webinario que vas a tener, vamos a ver cómo invertir con éxito en la bolsa de valores de Nueva York. ¿Por qué es importante para ti? Porque los bancos no te pagan por invertir tu dinero, al contrario, te quitan dinero en comisiones, hay bancos que lo que tienen ahora son bonos negativos, es decir, tienes que pagar dinero porque ellos manejen tu dinero, imagínate a lo que hemos llegado, bonos negativos.

Y en este Webinario vas a aprender una fórmula comprobada para invertir en la bolsa de valores de Nueva York. ¿Por qué es diferente a cualquier otro Webinario? Porque lo que voy a hacer es darte la fórmula así como así, te la voy a revelar totalmente gratis, otros te cobran por darte esta fórmula, yo lo haré totalmente gratis.

Así que no te vayas a perder este Webinario, si aún no me has dejado tu WhatsApp, déjamelo, envíame un mensaje al +521 311 105 5643 y por WhatsApp te voy a recordar la hora exacta del Webinario, sé que a veces no consultas tu correo electrónico, pero tu WhatsApp lo ves todo el día, te llaga un WhatsApp y hasta manejando lo lees, así que envíame un mensaje y te voy a recordar el Webinario, porque es una información que no te puedes perder.

Es todo en este vídeo, tu amigo Helio Laguna, chao, chao".

Entonces les envías estos vídeos de indoctrinación, que lo que hacen es vender. Se los envías por correo electrónico, se los envías por Messenger, se los envías por WhatsApp. Adivina qué va a pasar si estás bombardeando a las personas, ya lo sabes, van a llegar muchas más personas a tu Webinario.

Y si lo normal es que se presenten del 20 al 30% de las personas que se registran, con esto vas a lograr, ya al tenerlo registrados, se presenten o no, y tenerlos registrados en tres vías, pero además vas a lograr que del 70 al 80% de las personas asistan a tu Webinario. Vas a aumentar brutalmente las conversiones porque más personas van a llegar.

Segundo vídeo

En el vídeo número dos, enséñeles algo que disminuya el escepticismo, es decir, dales resultados por adelantado. Menciónales qué otras cosas resolverás en el Webinario. Aquí te dejo un script de ejemplo:

"Hola, hola, ¿qué tal? Te saluda Helio Laguna, y te quiero dar las gracias por estar suscrito a este Webinario, recuerda, vamos a aprender una estrategia para invertir en la bolsa de valores de Nueva York.

Esto que te voy a compartir cambió mi vida, literalmente cambió mi vida. Un día mi jefe me corrió del empleo, sin embargo, ya yo tenía esta información sobre cómo invertir en la bolsa de valores de Nueva York, así que lo que hice fue que con mi liquidación comencé a invertir y comencé a vivir de la bolsa, y lo mismo te puede suceder a ti.

Lo que quiero que hagas ahora es que mires este tutorial sobre cómo abrir tu cuenta de inversión en la bolsa de valores de Nueva York, dura tres minutos y vas a poder abrir tu cuenta totalmente gratis, sin inversión, y ese día del Webinar te voy a dar la estrategia, así que ya ese mismo día la puedes poner en acción".

¿Qué hice? Resultados por adelantado, disminuí el escepticismo, se dieron cuenta de que sí en enseño en mis Webinarios y así es como funciona esto. Van a llegar más personas, porque les diste resultados por adelantado, te lo aseguro.

Muchas personas dicen: "Pero es que no soy experto en vídeo, mejor no hago los vídeos". Hazlos mal, envíalos, vas a hacer más bien que mal. Envíales correos, WhatsApp's y Messenger's cada día, el día del Webinar, a cuatro horas del Webinar, a dos horas del Webinar, una hora antes del Webinar, quince minutos antes del Webinar y al momento del Webinar.

Yo llené un Webinar con una publicación de Marketing de Gorila. Asistieron 1.157 personas, ahí les vendimos un entrenamiento y logramos 100 ventas de 297 dólares, ¿cuánto es? 30.000 dólares, en un Webinario que no requirió absolutamente nada de inversión.

Ve cuántas personas se presentaron. ¿Por qué tuve ese éxito? Por el contexto que crea el Marketing de Gorila, por llegar a una publicación y ver que tiene 500.000 comentarios.

Las personas ven pruebas sociales, se registran, "Mira esta conversión brutal a tu Webinario y tú lo vas a tener. Mira esta taza de asistencia brutal". Y aquí no hice esto de indoctrinación, cuando tú lo hagas, vas a tener unas tazas de asistencia brutales a tu Webinario.

CAPÍTULO VI.

¿CÓMO VENDER EN EL WEBINARIO? TERCERA FUENTE DE MONETIZACIÓN

Ya generamos ingresos antes del Webinario, con una oferta de auto liquidación, suscribiendo a las personas a tres vías y enviándoles contenido diario para venderlo.

Ahora veamos cómo vender en el Webinario.

Programas el Webinario el jueves por la noche. ¿Por qué el jueves por la noche? Para que tengas lunes, martes, miércoles y el mismo jueves para promover el Webinario. Ve a por los 1.000 registros, con Marketing de Gorila va a ser pan comido para ti.

Lo que vas a hacer, una vez acabe el Webinario, es decir, viernes, sábado, domingo y desde el mismo jueves que acabó es promover la repetición del Webinario. La puedes promover no solo a los que se registraron, sino que con publicaciones de Marketing de Gorila sigues promoviendo que vean el Webinario. Webinar Click te da la posibilidad de tener la sesión grabada una vez que terminó el Webinario, así que haces una campaña de Marketing de Gorila para que vean la repetición.

Mejora lo que haya que mejorar, objeciones, etcétera, y repites el Webinario. En cada Webinar, al final les vendes y puedes estar ganando dinero, pero lo que tienes que hacer es encontrar tu Webinar ideal.

Cada vez que hagas algo lo vas a hacer mejor, eso ya lo sabes, la repetición hace al maestro y una vez que tengas un Webinar ganador, lo vas a poner en modo perpetuo con

Webinar Click, es decir, lo vas a hacer un Webinar automatizado. Dentro de tu plataforma de Webinar Click están los tutoriales para esto.

Webinario en vivo

Como podrás darte cuenta, existen varios tipos de Webinarios. El primer sistema de Webinarios es en vivo, el de Gorila, que ya hemos descrito anteriormente.

En este Webinario inviertes en publicidad y recuperas el dinero.

Webinario automatizado

El segundo tipo de Webinario es el automatizado. Ya los vistes, también. Grabas tu sesión y la guardas para que sigas trabajando para ti. Y, con el Marketing de Gorila, puedes hacer que lo vea incluso más gente que en la sesión en vivo. Un poco más adelante profundizaremos más sobre este tipo de Webinario.

Webinario híbrido

Finalmente, nos queda el último tipo de Webinario que es el híbrido. Aquí, grabas un vídeo de un Webinar que te haya quedado espectacular y lo que haces es iniciar en vivo y mostrarlo durante la sesión.

Les pones el vídeo del Webinario, abres una pestaña de Youtube, le das "play" al vídeo y después compartes tu pantalla.

Lo que van a ver es el vídeo, asegúrate de dejarle unos cinco o diez segundos sin voz a la grabación, sin decir nada, que son los segundos que necesitas para darle "play" y después "compartir" a tu pantalla. Cuando todos vean la pantalla, tú dejas de hablar y lo que ellos estarían viendo sería un vídeo.

Cuando acabe el vídeo, dejas de compartir y te apareces. Para finalizar el Webinario lo que tendrás que hacer es seguir un script parecido a este, pero enfocado en tu tema:

"¿Qué te pareció? ¿Qué te pareció, Luis? Sobre cómo invertir en la bolsa de valores de Nueva York, ¿quién está listo y preparado para comenzar a invertir en la bolsa de valores de Nueva York? Me dejan ahí sus comentarios. Si no tienes cuenta, no te preocupes, vas a aprender a abrir tu cuenta de inversiones".

Manejas objeciones, múltiples ángulos de venta y les vendes, estás vendiendo. Así es como funciona el híbrido.

Ahora ya sabes los tres tipos de Webinarios y cómo los vas a llenar. Los vas a llenar con Marketing de Gorila y, durante el Webinario, das tu presentación y das tu oferta al final.

Que no se te olvide realizar micro cierres a lo largo del Webinario. Hablas de la oferta, es decir, creas anticipación. Durante la charla les vas diciendo, "Al final vas a aprender, te voy a decir cómo invertir en la bolsa de valores de Nueva York", presentas la oferta, como siguiente paso lógico: "Bueno, ahora que ya conoces la fórmula, lo que sigue es tener fijadores, todos estos alertas, eso está en mi entrenamiento avanzado Invertir como el Lobo de Wall Street, regístrate aquí".

Tómate tu tiempo para manejar objeciones, anuncia compradores en vivo, felicítalos, crea la prueba social:

"Un saludo aquí a Leonardo, que ya compró. A José Luis Bastidas, coméntanos José Luis, aquí en el chat, ¿por qué decidiste comprar este curso? ¿A quién más tenemos por ahí? Jaime Escobar, excelente, Jaime, dinos por qué decidiste comprar este curso de la bolsa de valores. Tenemos también ahí a Mauricio Estrada, Mauricio, ¿por qué decidiste? Ya todo

el mundo está comprando, menos tú, ¿quién falta? A ver, Leonardo, ¿por qué no has comprado? ¿Cuál es tu objeción? Deja de poner objeciones, Leonardo, invierte, invierte en ti, en tu patrimonio, en tu familia".

Esta, como puedes ver, es la tercera forma de vender y es la forma que conocían la mayoría de las personas.

CAPÍTULO VII.

¿CÓMO VENDER DESPUÉS DEL WEBINARIO? CUARTA FUENTE DE MONETIZACIÓN

Después del Webinario les vas a enviar "Emailsakis", les vas a enviar "WhatsAppsakis", "Messengersakis", con múltiples ángulos de venta, vendiendo y promoviendo ver la repetición.

Esta es la cuarta forma de vender, va a haber personas que se registraron y no asistieron al Webinario, sin embargo, si tú les envías la grabación, pueden comprar en la grabación.

Va a haber personas que asistieron, pero no compraron, pero si les envías la grabación quizá lo puedan hacer, quizás tuvieron que abandonar el Webinario, quizás cualquier otra cosa. No compraron ahí, no vieron la oferta, no te entendieron, pero luego ven la grabación con calma, pueden ver en qué consistía la gran oportunidad de invertir en la bolsa de valores de Nueva York y compran.

Entonces, después del Webinario debes promover la grabación, puedes hacerlo ahora mediante tres sistemas, en Email, en WhatsApp y en Messenger, les envías para que vean la grabación, o haces Marketing de Gorila y promueves la grabación.

No estás promoviendo el Webinar en vivo, promueves la grabación. Ya acabó tu Webinar y tú vendes como loco.

Es increíble cómo muchas personas no asisten, pero toman acción en las repeticiones, así que vas a estar muy feliz de tener Webinar Click, que te deja la repetición grabada de manera automática.

CAPÍTULO VIII.

QUINTA FUENTE DE MONETIZACIÓN

Vamos con la quinta fuente de ingreso, ¿qué es lo que les vas a enviar? Vídeos con contenido extra que no pudo ser tratado en el Webinario.

Es un excelente pretexto para seguirles vendiendo y lo único que estás haciendo es ayudarles más. Siempre va a haber algo que se te olvidó decirles, entonces vas a enviar vídeos con contenido extra, das el contenido extra y al final les vendes, envías los "Emailsakis", "WhatsAppsakis", "Messengersakis" a toda tu lista, no solo a los que se registraron, pero maneja tiempo límite para tomar acción.

Les vas a enviar un vídeo más o menos con la siguiente estructura:

"Hola, ¿qué tal? Te saluda Helio Laguna y hay algo que olvidé decirte en la sesión que tuvimos de Webinar. Hay una fórmula para disminuir el riesgo, para tener un seguro de vida en cada transacción que hagas.

La fórmula se llama Gesto de Cortar Pérdidas y funciona de la siguiente manera, voy a poner un tutorial en la pantalla para que veas cómo funciona esto. Lo que tienes que hacer es, paso número uno, esto, paso número dos, esto, paso número tres, esto, paso número cuatro, esto.

Ahora que ya sabes cómo aún de las transacciones que no sean a tu favor tú no vas a perder más del 10% del dinero, esto te va a permitir que todas tus ganancias puedan ser del 30, 50%, pero tus perdidas limitadas a un 10% de la transacción y a un máximo de 3% de tu poder de compra, de todo lo que tienes invertido en la bolsa.

Tú no quieres perder tu casa, tú no quieres perder hasta la camisa, es por eso que hacemos esta estrategia de seguro de vida, así que como puedes ver, tus inversiones están protegidas.

Lo que quiero que hagas ahora es que vayas y compres el curso Lobo de Wall Street, para enseñarte cómo invertir con éxito en la bolsa de valores de Nueva York, es todo en este vídeo, tu amigo Helio Laguna, chao, chao".

Y al día siguiente les envías otro vídeo:

"Hola, ¿qué tal? Te saluda Helio Laguna, y quiero pedirte disculpas porque olvidé mencionarte algo muy importante en el Webinario, es esta estrategia, es este tipo de indicador que utilizo cuando hay un volatilidad extrema en el mercado.

El indicador se llama tal y funciona de la siguiente forma, y mira cómo hace que puedas aumentar los porcentajes de certeza de transacciones positivas y este indicador va a salvarte el pellejo cuando la volatilidad esté por los cielos, cuando gane Donald Trump, cuando no se sepa qué va a pasar con el planeta, tú estás protegido gracias a este indicador, y este es uno de los cinco indicadores magníficos que utilizo en mi programa Lobo de Wall Street.

Así que compra el programa de Wall Street, este es el enlace, recuerda que quedan 24 horas para comprar el Lobo de Wall Street y aprender a invertir con éxito en la bolsa de valores de Nueva York.

Es todo en este vídeo, tu amigo Helio Laguna, chao, chao".

Así que ahí lo tienes, contenido extra, debajo del radar. Lo que haces es ayudarles, darles más información, pero al final, ya sabes, les vendes.

CAPÍTULO IX.

SEXTA FUENTE DE MONETIZACIÓN

¿Qué es lo que tenemos? Aquí está el resumen: se registran a tu Webinario, tienes su Email, WhatsApp, Messenger; los metes a este súper sistema y les vendes oferta de auto liquidación. Les vendes y recuperas tu dinero.

Durante el Webinario les vendes, después del Webinar promueves ver la repetición del Webinar y ahí vendes, utilizas esa estrategia de ayuda extra y ahí vendes, y por último, Webinario automatizado.

Ya adelantamos qué es un Webinario automatizado. Para este tipo de Webinario, deberás elegir el mejor que hayas dado en toda tu vida y ponerlo en modo perpetuo.

Lo pones a que trabaje para ti de manera automatizada. Así tú estés durmiendo, puedes hacer que un solo Webinario se dé hasta veinticuatro veces a la semana, o aún más.

Y tú vas a estar ganando dinero con tu mejor Webinario, con el que hayas dicho: "Wow, esta vez rompí la barrera de lo creíble, vendí como loco". Ese Webinar lo pones de manera perpetua, lo promueves con publicidad, lo promueves con Marketing de Gorila y va a ser una máquina que esté trabajando para ti.

Quiero que tengas ahora la mentalidad de que en cada Webinar que hagas, encuentres un Webinar ganador y lo pongas como Webinar automatizado, como una máquina de dinero que va a estar trabajando para ti toda la vida.

Si haces un Webinar cada semana de un tema distinto, en un año vas a tener cincuenta y dos de estas máquinas. Así es como funciona esto.

Y te voy a dar dos estrategias extras.

Webinario invisible

¿En qué consiste el Webinar invisible? Consiste en vender tu Webinario en vivo. Lo que tienes que hacer es crear un enlace en PayPal con un trial donde pones "Pagar 0 dólares por poder estar en el Webinario".

O sea, vas a poner una suscripción de dos pagos: el primer pago es de 0 dólares y el segundo pago es del monto en el cual vayas a vender tu Webinario, 47 dólares, 97 dólares, lo que quieras.

Entonces el Webinario va a ser gratis, sólo van a pagar si la información que les diste les voló la cabeza. Si logras volarle la cabeza a las personas, van a dejar que se haga el pago.

Les dices, en el Webinario:

"Te voy a decir al final mi correo secreto para que canceles, para que me envíes un correo ahí y yo voy a entrar a PayPal y voy a cancelar el pago.

Si la información del Webinario no te voló la cabeza y no sientes que vale diez veces más tu inversión, envíame ese correo a un correo secreto y voy a cancelar el pago en PayPal. Lo voy a hacer en ese momento.

Si la información te voló la cabeza, no tienes que hacer absolutamente nada, al día siguiente día se te van a cargar los 47, 97 dólares, lo que sea".

¿Y qué vas a hacer en tu Webinario? Obviamente, esto nunca lo vas a dejar de hacer: vender. Y me dirás: "Pero, Helio, me están pagando por el Webinario, ¿y en el Webinario les vas a vender?".

Por supuesto que sí, siempre, siempre, siempre debes de vender. Siempre debes de dar el siguiente paso lógico. Ellos están pagando ahí por estar en el Webinario, pero puedes venderles, por ejemplo, un programa de Email Marketing Intensivo. Dices que vale 500 dólares y que ahí se los dejas en 300 dólares, que aprovechen.

Vende cualquier cosa que sea complementario a la información que les estás

Para asegurar que la mayor cantidad de personas dejen el pago, puedes hacer dos estrategias Ninja.

La primera estrategia Ninja es dar tanta información que no te dé tiempo de terminar. Ya llevas tres horas en el Webinario y apenas vas a la mitad de tu presentación. Ahí les dices: "¿Saben qué? Yo tengo que cortar esta presentación, va a haber una segunda sesión, la vamos a hacer el próximo martes y las personas que no cancelen van a poder ser parte de esta sesión".

La otra estrategia es darles todo tipo de regalos, pero aclararles: "Bueno, todos estos regalos van a hacer para las personas que confiaron en mí y en esta información y que no cancelen su membrecía, el pago de mañana. Las personas que cancelen el pago de mañana, lamentablemente, no les voy a poder enviar todos estos recursos valiosos".

Es como sobornarlos para que no cancelen. Entonces, no te dio tiempo de dar todo el Webinario y les dices: "La parte número dos es esta". O inventas una parte número dos y les dices: "Tengo una estrategia más avanzada que esta, voy a dar una sesión, como sorpresa para todas las personas que no cancelen este Webinario, que dejen que se haga su pago el día de mañana".

Entonces, sí funciona el Webinar invisible, las personas te pagan por ver el Webinario y después puedes vender la repetición del Webinario. Ya lo diste, fue valioso, te diste cuenta de que la mayoría de las personas no cancelaron, que sí vale lo que ofreciste.

Transmisiones de Facebook Live

Este mismo sistema también lo puedes utilizar para tus transmisiones de Facebook Live.

¿Cuál es una gran ventaja de Facebook Live? Que se llenan viralmente, es decir, puedes no tener registros a la transmisión y puedes iniciar una transmisión desde cero, pero terminar con 50, 100 personas, etcétera.

Una desventaja es que no tenemos tanta atención de las personas, como ocurre en un Webinario, y una desventaja aún mayor es que no tenemos toda esta tecnología de Marketing que tiene Webinar Click, en la que puedes poner una oferta, puedes poner una encuesta, puedes hacer muchas otras cosas más, mostrar tu pantalla, etcétera.

Entonces, va a disminuir tu conversión en una transmisión de Facebook Live. No te estoy diciendo que no las hagas, las puedes hacer y puedes vender, pero con Webinar Click vas a tener conversiones brutales, porque es una herramienta creada por marqueteros, precisamente para nosotros que somos marqueteros.

RECOMENDACIONES FINALES

La perseverancia, la constancia, mata al talento.

Hablábamos al principio de la mina de oro. Muchas personas empiezan a trabajar en algo, pero luego abandonan. Hay una fábula para ello, que es la de las mina de diamantes: cuando están a punto de llegar a la mina es cuando abandonan.

Así que cuando pienses en abandonar, recuerda esa historia, recuerda que quizás estás ya a cinco centímetros de la mina de oro. Ten eso presente y nunca abandones, nunca dejes de luchar por lo que quieres.

Al principio no se ven los resultados, al principio estás trabajando en una caja oscura, donde no se ven los logros que estás teniendo, donde las personas y sobre todo las personas que más te quieren, te están desalentando y es porque te quieren, es porque están viendo que no está funcionando y que a lo mejor te está frustrando o te está doliendo no tener resultados.

Tú sigue adelante, tú nunca te detengas, confía en lo que estás haciendo. Si alguien lo está logrando, tómalo como evidencia suficiente de que tú también lo puedes lograr.

Si una persona logra vivir de los negocios por internet, logra vender en sus Webinarios, está vendiendo en sus transmisiones de Facebook Live, está vendiendo en lanzamientos, etcétera... Si ellos lo están logrando, evidencia que tú también lo puedes hacer.

Que eso sea la guía que te haga seguir con esto. Recuerda, si funciona para alguien, puede funcionar para ti.

Tu amigo,

Helio Laguna

www.ingramcontent.com/pod-product-compliance
Lightning Source LLC
Chambersburg PA
CBHW020948180526
45163CB00006B/2364